Julien RAY

Maître de Conférences à la Faculté des Sciences de Lyon,
Membre du Conseil de l'Association Française
pour l'Avancement des Sciences
(Délégué de la Section de Pédagogie et Enseignement).

L'INSTRUCTION ET L'ÉDUCATION

APRÈS L'ÉCOLE

ET PLUS SPÉCIALEMENT A LA CASERNE

LYON

A. REY & Cie, IMPRIMEURS-ÉDITEURS

4, RUE GENTIL

1909

L'INSTRUCTION ET L'ÉDUCATION

APRÈS L'ÉCOLE

ET PLUS SPÉCIALEMENT A LA CASERNE

Julien RAY

Maître de Conférences à la Faculté des Sciences de Lyon,
Membre du Conseil de l'Association Française
pour l'Avancement des Sciences
(Délégué de la Section de Pédagogie et Enseignement).

L'INSTRUCTION ET L'ÉDUCATION

APRÈS L'ÉCOLE

ET PLUS SPÉCIALEMENT A LA CASERNE

LYON

A. REY & Cie, IMPRIMEURS-ÉDITEURS

4, RUE GENTIL

1909

L'INSTRUCTION ET L'ÉDUCATION

APRÈS L'ÉCOLE

ET PLUS SPÉCIALEMENT A LA CASERNE

CHAPITRE PREMIER

CE QU'IL Y A POUR LE SOLDAT

1. VUE D'ENSEMBLE

On peut classer comme il suit les diverses formes de l'éducation intellectuelle et morale :

Echange entre le chef et l'homme ;

Causeries plus ou moins improvisées, soit à la caserne même, soit au cours d'un exercice extérieur ;

Causeries ou conférences prévues, sur des sujets choisis et préparés d'avance, cours (d'illettrés, professionnels, etc.), soit à la caserne, dans les unités ou pour le corps entier, soit au dehors, spécialement pour le soldat ou non ;

Lectures (bibliothèques régimentaires, récemment réglementées) ;

Tableaux et documents instructifs ;

Exercices pratiques : promenades et visites instructives, essais agricoles, etc. ;

Institutions diverses : mutualité, coopératives ;

Séances récréatives, jeux ;

Œuvres, Sociétés, etc. : Cercles du soldat, Foyers du soldat,

Théâtre à la caserne, Chansons du soldat, Jeux du soldat, Boules à la caserne, Sociétés d'enseignement, Œuvre de propagande scientifique et pratique.

2. VUE ANALYTIQUE

A l'égard des titres précédents, en particulier à l'égard des causeries, conférences et cours, il y a lieu de considérer les facteurs suivants :

Nature (sujets, faits exposés, mise en valeur des faits, composition de l'auditoire), collaborateurs (militaires, civils), forme, documents (ce qu'on montre), ressources de préparation, ressources de documentation matérielle, diverses ressources matérielles (salles, appareils, etc.), lieu, jours et heures, nombre des séances, durée, période, facultativité, assiduité des hommes, rôle du sous-officier, opinion des chefs, résultats.

Cette énumération, faite une fois pour toutes, servira de guide dans les développements ultérieurs.

Nous possédons un volumineux dossier constitué soit par les nombreuses organisations dont nous avons fait l'étude, soit par nos travaux personnels. Remercions MM. les Généraux Commandants de Corps d'armée et MM. les Officiers de tous grades, qui ont bien voulu nous aider dans notre tâche.

Exposant plus loin (Chap. V) divers exemples typiques, disons simplement ici que dans la plupart des cas se manifeste la distinction en :

a) « *Instruction morale* ». — Elle se fait par l'échange entre chef et homme, par des causeries et conférences (devoir, patriotisme, camaraderie, etc.), par des lectures, par l'exercice de la mutualité et des coopératives.

b) *Hygiène.* — Elle s'enseigne par des conférences presque exclusivement sur l'alcoolisme et les maladies vénériennes, par des lectures, des tableaux, par l'obligation à diverses pratiques de propreté.

c) « *Instruction générale* ». — Histoire, géographie, connaissances variées, vulgarisation scientifique.

d) *Instruction professionnelle.* — Causeries, conférences, cours, visites, etc.

L'instruction morale et l'instruction sanitaire sont réglementaires au premier chef, faisant en quelque sorte partie de l'instruction militaire. L'instruction générale et l'instruction professionnelle, bien que prescrites, ont beaucoup moins force de loi ; elles sont souvent faites pour la distraction autant que pour l'instruction. L'histoire, la géographie occupent le premier rang et pourraient même se ranger dans l'instruction morale. Le reste vient après, constituant plus spécialement ce qu'on appelle Enseignement à la caserne ou Enseignement professionnel à la caserne et qu'on semble opposer à l'éducation intellectuelle et morale.

3. LES DIVERSES FAÇONS DE VOIR

Les pouvoirs publics sont en principe favorables à tous les moyens d'*instruire, occuper* et *distraire* les hommes, toutes choses égales d'ailleurs.

L'opinion des chefs militaires est très partagée sur le terrain « conférences » ; nous connaissons :

1º Des chefs partisans de toutes les sortes de causeries, conférences, cours — en principe. D'aucuns déclarent que « tout va bien » dans l'état actuel, mais la plupart (ne serait-ce pas tous ?) ne sont en général guère satisfaits ni de la mise en œuvre ni des résultats obtenus — d'où revirements d'opinion. Satisfaits ou non, ils manifestent ordinairement un réel désir d'être aidés.

2º Des chefs préférant qu'à la caserne le civil n'intervienne pas.

3º Des chefs n'admettant, en dehors des causeries improvisées (unanimement préconisées), que les cours en ville et, à la caserne, les causeries d'unités par des officiers.

4° Des chefs n'accordant de réelle valeur qu'à la causerie improvisée, par l'officier.

Tous ceux-là animés de l'intention d'instruire, mais surtout distraire et occuper l'homme, le retenir.

5° Des chefs considérant que, hormis les conférences réglementaires morales ou d'hygiène et quelques conférences générales (histoire et géographie par exemple) par l'officier, il faut laisser le soldat à lui-même.

Les arguments opposés dans les divers cas se groupent autour de plusieurs points de vue :

a) Instruction et distraction : absence de profit ; le civil ne sait pas parler aux hommes ; le soldat vient quand on l'y oblige, cela ne l'intéresse pas.

b) L'esprit : risque d'un mauvais état d'esprit, surtout quand on fait à la caserne de l'enseignement professionnel ; la tâche de professeur ou d'organisateur n'est pas un rôle d'officier ; point de civils : les hommes doivent rester « aux mains » de leurs chefs.

c) Il n'y a « pas le temps » ; il ne faut pas de surcroît de fatigue.

Beaucoup de chefs néanmoins marchent dans la « voie nouvelle », par pure concession.

Les sous-officiers font fréquemment œuvre d'opposition. Est-ce jalousie ? A-t-on négligé de les intéresser ?

Les soldats, à l'égard des « conférences », sont plutôt sceptiques. Souvent ils avoueront n'avoir rien compris. D'ailleurs ils préféreraient se reposer, s'amuser à leur gré. Enfin ils peuvent penser que le régiment n'est plus fait pour l'instruction militaire.

L'opinion civile est parallèle à l'opinion militaire.

4. NOTRE OPINION

Il convient indiscutablement de veiller à l'état moral, à la bonne tenue sanitaire, il est excellent de distraire en instruisant.

Nous critiquerons surtout le mode causeries, conférences, cours.

Toute improvisation est excellente par son intimité et par un certain à propos, surtout si elle vient à l'occasion d'un fait pris sur le vif.

Nous ne trouvons rien à dire des sujets en usage. Il est fort bien de parler du devoir, de l'alcoolisme, des maladies vénériennes, des engrais, etc... Seulement, il y a autre chose à tirer que ce que l'on tire de la mise en avant de ces grands sujets...

Les causeries et conférences faites renferment de bons éléments d'instruction et de distraction, mais elles n'instruisent guère et distraient à grand'peine. Celles qui prétendent surtout instruire, celles de « morale » et d'hygiène, d'une manière générale celles qui alimentent ce qu'au régiment on appelle « l'Education intellectuelle et morale », ne valent que fort peu pour le développement des qualités intellectuelles et morales de leur auditoire : tantôt ce sont des exposés de faits — trop nombreux souvent — dont la plupart n'ont pas un intérêt assez immédiat ou dont l'intérêt n'est pas suffisamment dégagé, tantôt les faits disparaissent derrière les « idées ». Somme toute, un manque de *portée* (atteinte suivie d'une réaction de la mémoire ou de telle faculté mentale). Les causeries et conférences destinées à distraire autant qu'à instruire, destinées à occuper les hommes d'une façon intéressante, et qu'on inscrit sous la rubrique « Enseignement à la caserne », les opposant, avons-nous dit, à l'éducation intellectuelle et morale, sont — en bien des cas — elles aussi, même à l'égard du but plus modeste qui est visé, dénuées de la valeur désirable en l'espèce. Ceux qui les organisent, ceux qui les font, le pensent — plus qu'on ne croit. *A fortiori* ne leur accordons-nous pas une réelle portée instructive. Un fatras de faits, des plus divers, tel est leur bilan.

Le trop grand nombre et la trop grande diversité des faits « cinématographiés » de la sorte dans le cerveau peuvent d'ailleurs avoir des conséquences générales fâcheuses : déshabituer l'individu d'attacher son attention, entraîner ce que le Dr BÉRILLON appelle *éparpillement mental*, et provoquer l'illusion du savoir.

Un jugement semblable peut d'ailleurs être émis sur la conférence populaire en général; de plus autorisés que moi le pensent et le disent, même des conférences qu'eux-mêmes acceptent de faire.

Quant au cours, c'est à la fois trop et pas assez. Que des soldats, particulièrement avides de savoir, profitent de la possibilité de suivre un cours utile, à la caserne ou en ville, rien de mieux. Mais ils sont la petite minorité. De plus, si l'on croit devoir se préoccuper de l'instruction et de l'éducation des hommes sous les drapeaux, il faut, on le verra plus loin, quelque chose de moins spécial, de plus large et en même temps de plus sobre que le cours.

Notre avis est bien qu'à la caserne est le cas ou jamais de mettre à profit, comme disent les circulaires, toutes les ressources, toutes les lumières que peut compter une garnison dans son milieu militaire ou civil. Expliquons-nous dès maintenant : au lieu de mettre les grands sujets de morale, hygiène et autres à la « sauce conférence », cueillons judicieusement à toutes les branches de l'activité humaine, de la vie individuelle et sociale — et l'on peut les prendre *toutes*, sans distinction — des *faits* bien typiques, bien probants, bien « extériorisés », *choisis* en nous inspirant de l'origine, de la profession, de l'état d'esprit de nos hommes, saisissons toutes les manifestations qui s'y rapportent, et *causons* de temps à autre avec un *petit* groupe d'individus sur *tel* de ces faits qui l'intéresse de près, soit en une causerie prévue d'avance, soit d'une manière improvisée, au gré de l'occasion.

Et alors se fera une *vraie* éducation intellectuelle et morale, dont la base n'est plus seulement un « enseignement moral » — bien gros mot — mais dont la base est dans *tout* fait enseigné d'une façon convaincante, inculqué à l'individu par la mise en jeu de *toutes* ses facultés. Alors ces questions qui sont tributaires de « l'enseignement à la caserne » fournissent un appoint considérable à l'éducation intellectuelle et morale, à la vraie éducation qui mérite ce nom. Il n'y a plus deux enseignements, un enseignement de morale (et hygiène), étroitement conçu, sans portée, et un enseignement de remplissage, tout au moins à côté, exigeant plus de peine qu'il ne vaut ; il y a un seul enseignement, un seul terrain, sur lequel s'enracineront solidement la santé morale et la santé physique.

D'autre part, avouons qu'ainsi vous *intéressez réellement* vos auditeurs et que vous les *distrayez* réellement ; vous atteignez donc votre but de distraire en instruisant.

Ne faut-il pas ajouter de suite que c'est précisément là aussi l'enseignement qui convient le mieux au peu de temps dont on dispose, demandant moins de travail et moins de place, demandant moins qu'il n'a jamais été consacré à la simple instruction obligatoire. Et s'il reste du temps, rien n'empêche de faire des « conférences ».

Les critiques précédentes font abstraction des collaborateurs, lesquels cependant peuvent être très à la hauteur de leur tâche. Mais l'officier n'est pas toujours compétent pour choisir ou traiter certaines questions ; les concours civils sont trop souvent défectueux, par incompétence absolue ou par simple mauvaise adaptation.

La forme pèche aussi bien que le fond : on ne parle pas assez *pour* les auditeurs qu'on a *devant soi*.

La documentation matérielle est, en général, fort insuffisante, étant une documentation de hasard. C'est pourtant là chose capitale. Or, les ressources ne manquent pas tant qu'on voudrait le croire ; ce qui manque surtout, c'est la connaissance des ressources et la science de leur utilisation.

Et maintenant, disons que, toutes choses égales d'ailleurs, il vaut mieux ne pas transporter en ville l'enseignement « à la caserne » : on lui enlève ce qu'il a de meilleur, son intimité. Du reste, quand le soldat sort, c'est pour se promener.

Enfin, relevons l'erreur du nombre : avec beaucoup moins de causeries et conférences qu'on n'en fait parfois et même justement parce qu'on en ferait moins, déjà se pourrait obtenir un résultat meilleur.

Nous venons de voir ce qu'il faut penser, au point de vue productif, de la réalisation d'un enseignement conçu dans un fort bon *esprit*.

Ce point de vue de l'esprit est fondamental ; c'est celui des sévères protestations qui s'élevèrent lorsque naquit l'enseignement « professionnel » à la caserne. Or, il y a beaucoup de vrai en elles. Sans aucun doute, l'enseignement professionnel donné dans l'intérêt même du métier risque d'être contraire à l'esprit du moment et du lieu par sa nature même ; les questions professionnelles ne doivent pas être l'objet d'une préoccupation et elles ne peuvent être admises, en règle, que dans une pensée moralisatrice. *A fortiori*, au même point de vue, les officiers ne sauraient-ils se transformer en vrais professeurs à l'égard des questions professionnelles. Par contre, on sait quel excellent et patriotique concours peut apporter le civil, sans que les hommes cessent d'être, comme on dit, aux mains des chefs. Ne sont-ils pas quelquefois aux mains du cabaretier et d'autres encore ?

Répondons à l'objection du « temps ». Non, certes, il n'y a pas de temps à enlever à celui qu'exige l'instruction militaire. Mais aussi n'est-il point question de cela. Et alors, oui, il y a du temps : 1° fortuitement dans le courant de la journée ; 2° après le travail. Et les chefs, les hommes sont libres d'en disposer *à leur gré* commun.

On objecte la fatigue. Nous reconnaissons qu'il y a une économie d'effort à observer. Mais il est vrai, quoique banal, de dire qu'une action éducatrice judicieusement exercée, loin de fatiguer, fortifie et régénère.

Notre opinion concorde absolument avec l'opinion intime des chefs, sur laquelle nos voyages d'études nous ont fixé. Les mauvais résultats tiennent à une mauvaise façon de faire, laquelle n'est pas une condition *sine qua non*.

Au reste, la méthode que nous préconisons est, dans son essence, celle des officiers qui disent : Nous sommes, au milieu de nos soldats, un groupe de chefs qui par le fait de notre expérience, de notre passé d'officier ou d'homme, par le fait aussi de circonstances particulières à l'un ou l'autre d'entre nous, possédons chacun cette ressource de pouvoir apprendre quelque chose d'intéressant aux jeunes gens qui nous sont confiés : eh bien nous organisons pour eux des causeries familières, en toute occasion nous causons avec eux.

Si nous envisageons non seulement l'enseignement instructif ou distractif, mais l'ensemble des diverses actions éducatrices énumérées, nous déclarons que l'imperfection de l'une fait souffrir les autres, car il y a un lien entre toutes ; de plus, il s'établit entre elles un fâcheux esprit de concurrence et d'exclusivité.

CHAPITRE II

L'INSTRUCTION ET L'ÉDUCATION EN GÉNÉRAL

CE QUI DOIT ÊTRE ET SA RÉALISATION POSSIBLE

1. LES INTÉRÊTS EN JEU

Qu'on soit au régiment ou non, se posent l'intérêt individuel, l'intérêt de la famille, l'intérêt de la société, l'intérêt de la patrie, l'intérêt de l'humanité, liés entre eux par des liens étroits.

Ils se jouent dans les domaines sanitaire, agricole, commercial, industriel, intellectuel, moral, lesquels sont aussi reliés étroitement.

Il faut que l'individu connaisse et comprenne ces intérêts, sache les défendre. C'est viser un idéal de satisfaction à la fois matérielle et morale dont le fond est l'amour et la bonté. (Edouard PETIT).

L'époque actuelle implique certaines conditions particulières : d'abord l'état d'esprit de l'homme et du soldat dans une ère de progrès, au sein d'une nation armée ; puis la nécessité de la lutte contre les tares morales, amour exagéré du bien-être, insouciance de l'effort, fonctionnarisme, abandon des campagnes, amoralité, antimilitarisme, criminalité et délinquance junéviles ; enfin la nécessité de la lutte contre des fléaux tels que l'alcoolisme, le péril vénérien, la tuberculose.

2. CONDITIONS NÉCESSAIRES ET SUFFISANTES
POUR QUE CES INTÉRÊTS SOIENT SAUVEGARDÉS

L'état physique de l'individu est à considérer autant que son état moral.

Et la base d'un bon état physique n'est pas seulement dans une bonne constitution, un bon fonctionnement des organes, un bon exercice des organes, dans une somme de connaissances sanitaires, physiologiques, anatomiques, elle est aussi dans un bon état intellectuel général et un bon état moral : le sens moral, la volonté d'échapper à la déchéance sont des facteurs prépondérants.

L'état intellectuel est l'effet d'un certain savoir, dont le développement ne doit d'ailleurs pas aller sans celui de qualités primordiales qui sont le sens de l'observation, le jugement, l'initiative. Mais ne sait-on pas qu'il y a un substratum nécessaire, fait de ce qu'on appelle l'esprit dispos, fait surtout de bonnes conditions physiques ?

L'état moral a de même sa part dans le savoir et d'une manière générale dans l'état intellectuel. Ainsi le sens moral, la notion des devoirs envers soi-même et envers les autres, la notion de famille, la volonté en toutes ses formes, ne trouvent ils pas des points d'appui dans le domaine sanitaire, dans le domaine biologique ? Ici encore, l'esprit dispos, la valeur physique ont beau jeu.

Les réformes sociales ne sont pas tout. Il faut une culture individuelle appropriée.

Or, d'après ce qui vient d'être dit, une telle culture doit porter :

1º Sur les qualités physiques, sur le bon fonctionnement physique ;

2º Sur une somme de certaines connaissances fondamentales, sanitaires, agricoles, ou commerciales, ou industrielles, biologiques, géographiques, historiques, militaires, sociales ;

3º Les qualités intellectuelles et morales : sens de l'observation, jugement, initiative, volonté, sens moral, esprit dispos.

Faire cette culture indispensable, c'est réaliser la vraie *éducation générale*, la vraie *instruction générale*, qui est cependant *spéciale* pour chaque catégorie d'individus, et qu'il ne faut pas confondre avec une soi-disant instruction générale, plus mauvaise qu'utile, laquelle consiste à vouloir qu'on soit au courant du progrès dans toutes les branches, à vouloir qu'on sache un peu de tout.

Les qualités de connaissance et de valeur intellectuelle ou morale se peuvent et se doivent cultiver d'une manière *continue* ; chaque période, chaque moment, chaque circonstance appelle sa part.

Chez l'enfant, c'est un choix de connaissances élémentaires et variées, c'est par dessus tout l'observation.

Chez l'adolescent et l'adulte, ce sera une connaissance de plus en plus étendue, de plus en plus analytique, de plus en plus raisonnée, ce sera la recherche des rapports et des causes, ce seront les notions et idées générales — mais avec spécialisation et culture particulière de la spécialité choisie.

Enfin, l'homme fait entretiendra les qualités acquises.

Et cette instruction, cette culture, elles ne doivent pas être réservées à ce qu'on appelle à tort une élite, elles doivent être pratiquées sur tous les terrains.

3. LES MOYENS

L'enfant à l'Ecole primaire : c'est le premier degré.

L'adolescent, l'adulte ont également leurs écoles : au deuxième degré, d'une part les Ecoles primaires supérieures, les Collèges, les Lycées, d'autre part les Ecoles professionnelles, les Ecoles d'agriculture, etc... ; au troisième degré, les Universités, les grandes Ecoles. Mais il y a, parallèlement, les Cours dits d'adultes, les Cours et Conférences que prodiguent nos

Sociétés d'enseignement populaire, nos Municipalités, les multiples organisations locales de cours et travaux professionnels ou ménagers, il y a aussi l'apprentissage, il y a enfin une foule d'œuvres ou de ressources d'enseignement et d'éducation morale ou physique.

On sait de quelle préoccupation l'enseignement et l'éducation sont l'objet, en particulier au point de vue professionnel.

La question s'est posée de l'obligation de l'enseignement professionnel des adolescents ; en Allemagne fonctionnent avec succès des Cours de perfectionnement professionnel dont la fréquentation est obligatoire de quatorze à dix-huit ans. A ce sujet, M. Henry FRIXON, Directeur de l'Ecole professionnelle de Douai, s'exprime comme il suit :

« L'Ecole primaire, telle que les programmes de 1882 et de 1887 l'ont établie, n'est pas encore, en France, une réalité. En un petit nombre d'endroits seulement on commence à se rapprocher du type légal.

« Ni la fréquentation des élèves, ni la méthode des maîtres ne répondent à ce qu'on est en droit d'attendre.

« Aussi, avant de songer à une obligation et à un programme de superposition, doit-on d'abord chercher à obtenir deux réformes primordiales :

« 1º L'application intégrale de la loi de 1882, qui oblige l'enfant à fréquenter l'école jusqu'à treize ans.

« La répression légale des infractions de la loi de 1882 étant illusoire, le Commerce et l'Industrie qui réclament des auxiliaires bien doués devraient d'abord s'interdire de jamais accepter, au comptoir ou à l'atelier, un seul enfant de moins de treize ans. Si, après cet âge, commerçants et industriels consentaient, en outre, à n'admettre leurs apprentis qu'à 9 heures chaque matin et après s'être assurés qu'ils ont passé une heure et demie au Cours professionnel, les effets de ce régime dépasseraient tout ce que peut donner une loi qui serait encore plus difficile à appliquer que celle de 1882 ;

« 2⁰ La réalisation des programmes de 1882, en ce qui concerne les communes. L'opinion, à défaut du pouvoir, devrait obliger les communes à fournir des locaux toujours suffisants et appropriés, ainsi qu'un matériel permettant de donner un enseignement « concret et pratique », selon le vœu des instructions ministérielles de 1887.

« L'effort des trente dernières années a été tourné vers la laïcité et la gratuité : il est urgent de faire de l'obligation de l'instruction primaire une réalité avant de songer, par une inexacte assimilation de notre situation à celle de l'Allemagne, à tenter de l'obligation pour les adolescents. »

Le même auteur appelle également l'attention sur le travail manuel à l'Ecole primaire (ce qu'il ne faut pas confondre avec un apprentissage) :

« Le travail manuel est inscrit aux programmes des Ecoles primaires : il y doit jouer, avec le dessin, un rôle éducatif allant en progressant depuis six ans jusqu'à treize ans, en vue de faire acquérir à l'élève les qualités d'observation, d'adresse et d'ingéniosité utiles à toutes les professions. »

Un décret récent (27 juillet 1909) réorganise l'enseignement des Ecoles primaires supérieures, le rendant à la fois plus pratique et plus général.

Enfin, M. André BLONDEL, Ingénieur en chef des Ponts, professeur à l'Ecole des Ponts, propose la création de Facultés techniques, qui, dans l'enseignement du troisième degré donneraient satisfaction complète aux intérêts professionnels.

En tenant compte de ces données, on peut dresser le tableau suivant de trois voies principales dans l'évolution instructive et éducative de l'individu :

A

1ᵉʳ degré. — Etudes primaires élémentaires, dont le cours supérieur doit faire une place importante au dessin et aux travaux pratiques, et qui doivent durer jusqu'à treize ans.

2ᵉ degré. — Apprentissage à l'atelier, etc..., et, en même temps, le cours professionnel (Ecole professionnelle, etc.), soit le matin, soit le soir.

B

1ᵉʳ degré. — Etudes primaires élémentaires.
2ᵉ degré. — Ecole primaire supérieure ‖ Collège ‖ Lycée.
Après, cours professionnel.

C

1ᵉʳ degré. — Etudes primaires élémentaires.
2ᵉ degré. — Ecole primaire supérieure ‖ Collège ‖ Lycée.
3ᵉ degré. — Universités ‖ Facultés techniques ‖ Grandes Ecoles.

Pour ne laisser à ce tableau que ses grandes lignes, nous n'y plaçons pas les autres Cours, Conférences ou interventions de diverse nature énumérés plus haut.

Nous approuvons la façon de voir de MM. Blondel et Frixon, et nous nous rencontrons avec eux pour reconnaître qu'en somme il faut un enseignement servant plus étroitement les besoins de la pratique professionnelle et servant plus étroitement aussi les divers intérêts en jeu dans la vie individuelle et sociale, une instruction à la fois suffisamment spéciale et suffisamment générale, alors que tantôt on est trop exclusivement attaché à « la matière » tantôt trop encyclopédique.

Et le tableau ci-dessus, complété par ce que nous avons omis, montre encore de grosses lacunes, à côté de beaucoup d'inutilités et de défauts.

1° Les cours ne réunissent qu'une minorité.

Qu'ils deviennent obligatoires, très bien. Mais où sera pris tout le personnel enseignant qu'il faudra? Et avec quoi sera payée cette multitude?

2° Le cours est le plus souvent spécial, et il faut suivre une assez grande diversité de *cours* pour acquérir l'instruction générale nécessaire à un moment donné.

Or, évitons cet *éparpillement mental* que nous signifie le Dr Bérillon, ne créons pas d'« arriérés du jugement ». Et ne faisons pas de nos jeunes gens des piliers d'Ecole.

3° En voulant donner une instruction développée, n'oublions pas que le cours n'a qu'un temps dans la vie, plus ou moins long, suivant les cas.

Et à ces deux derniers points de vue, multiplicité des cours à un moment donné pour un individu déterminé, multiplicité des cours le long d'une période suffisamment étendue dans la vie de l'individu, nous répéterons : où sont les professeurs? Avec quoi les paiera-t-on ?

4° La conférence, telle qu'on la pratique si couramment aujourd'hui, n'a pas grande valeur instructive, et d'ailleurs on s'en fatigue.

Bien entendu, ces moyens ont leur valeur : un adolescent doit autant que possible suivre un cours professionnel ; la conférence dissémine des graines, dont il appartient à d'autres interventions d'assurer le développement.

La lecture est infiniment mieux entendue aujourd'hui que jadis. Surtout on lit moins, on regarde davantage. Il ne faut pas, avec Andrew Carnegie, faire du livre le pivot de l'éducation.

Le document figuré, l'exemple, l'observation et l'expérience personnelles, les travaux pratiques sont en honneur : ils développent le sens de l'observation, le jugement, l'initiative, la volonté, le sens moral, ils exercent certaines qualités physiques (travaux manuels), ils récréent; on doit souhaiter qu'ils accompagnent toujours l'enseignement parlé ou même se substituent davantage à lui ; nos maîtres et maîtresses doivent s'ingénier à faire l'enseignement non seulement visuel et concret, mais attractif, récréatif. L'idée de l'Art à l'Ecole est excellente : quoi de plus réconfortant, de plus stimulant à tous points de vue, qu'un exemple de beauté, qu'une symbolisation de la beauté physique ou morale ? Malheureusement, ici comme en d'autres cas, on lance l'idée sans suivre ou sans pouvoir suivre d'assez près l'application ; et alors il ne peut même pas être dit que celle-ci est ébauchée, ce qui serait fort bien d'ailleurs, puisque les choses ne peuvent se faire d'un coup, — non, on est à côté.

L'éducation physique sous toutes ses formes a force d'institution : elle confère la vigueur, la beauté physique, l'adresse, etc., elle prépare aussi un bon terrain intellectuel et moral ; mais est-elle suffisamment analysée ?

Qu'on envisage l'enseignement parlé ou quelque autre mode d'enseignement, on peut dire qu'il n'y a pas assez d'action sur *tous les sens* de l'individu (sur tel sens à tel moment), que certaines choses ne sont pas enseignées, par exemple en ce qui touche à l'hygiène, et qu'il y a néanmoins tendance à « l'éparpillement ».

Ce n'est pas là simplement un défaut dû à la « nouveauté », dû à ce qu'il faut, comme on dit, le temps ; il y a un défaut de méthode.

Et nous dirons, avec le Dr Beauvisage et le Dr Bérillon : l'exemple à suivre est, dans une certaine mesure, celui de l'éducation des anormaux, des arriérés du jugement, auxquels on impose en particulier la sobriété à tous points de vue, le monoidéisme entre autres ; ce n'est, bien entendu, qu'une comparaison.

4. L'ŒUVRE DE PROPAGANDE SCIENTIFIQUE ET PRATIQUE : L'ENSEIGNEMENT DU FAIT.

Cette œuvre est une réunion de personnes qui étudient les problèmes relatifs à l'instruction et à l'éducation, qui établissent des méthodes et en propagent l'application ou les appliquent elles-mêmes.

Seul est envisagé l'enseignement proprement dit. Mais il ne

s'agit pas de créer de nouveaux cours ni d'accroître le total déjà considérable des conférences.

Le but essentiel visé est celui-ci :

L'enseignement du *fait,* bien choisi, selon tel besoin précis, selon telle éventualité, à l'égard de tel groupe d'individus, et enseigné non pas de seconde main mais par un homme de compétence correspondante.

Les moyens sont : la causerie ou la série de causeries, consacrées à la mise en lumière et en valeur d'un fait, la documentation matérielle, l'exemple, l'opuscule imprimé. La causerie doit être un entretien, un véritable échange sur le terre à terre de la pratique, sans autres phrases que celles qu'inspirent spontanément l'expérience acquise et les circonstances. L'opuscule n'est point un livre, c'est un guide de quelques pages.

Les ressources ne sont pas à chercher, elles ne sont qu'à adapter. Il suffit qu'en chaque localité les professionnels de toute nature qui s'y coudoient s'entendent entre eux, une fois imbus de l'idée maîtresse. Point n'est besoin, sauf dans certains cas particuliers, de constituer des sociétés nouvelles ; les associations professionnelles ou d'enseignement déjà existantes n'ont qu'à ouvrir un chapitre dans leur programme.

Est-il besoin d'insister sur ce que peut valoir l'enseignement ainsi compris?

Quand un fait est exposé avec précision, analysé, mis en valeur, le bénéfice n'est pas uniquement dans son utilité propre. Même si l'on considère isolément ce fait, il faut voir qu'en l'enseignant comme il vient d'être dit, on engendre une source de conviction, une source de confiance en soi chez celui qui se l'est assimilé, et partant de là une source du sentiment de la responsabilité et de l'initiative, on pourra même dire une source de sens moral. N'a-t-on pas exercé aussi et stimulé le sens de l'observation?

D'autre part, s'il est indispensable d'enseigner des faits variés, en raison de la complexité de l'intérêt en jeu, et en vue d'une saine pondération de l'individu, une condition primordiale est la sobriété, condition de bon ordre intellectuel, qui se trouve ici naturellement respectée.

Il faut, dans l'instruction, de la continuité : or, précisément, il est dans l'esprit même de l'œuvre de tenir compte de ce besoin.

Enfin, séduits par l'à-propos et la facilité de la tâche, les collaborateurs affluent et ce sont des collaborateurs de premier ordre.

L'enseignement établi sur ces bases répond donc à tous les desiderata exprimés plus haut. Néanmoins ne le considérons que comme une approximation à l'égard d'un idéal qui serait un enseignement secondaire et un enseignement supérieur s'offrant à tous : nous ne voulons pas dire l'enseignement secondaire des Lycées et l'enseignement supérieur des Universités, nous voulons dire un enseignement doué comme eux d'une organisation solide, mais adapté aux besoins des diverses catégories d'individus et s'inspirant pour chaque catégorie des principes de sain à-propos et de sobriété.

D'ailleurs un tel idéal fût-il réalisé, il resterait encore bien des lacunes à combler et que comblerait la simple organisation que nous signalons.

Ces idées sont partagées par tous ceux que nous avons entretenus de la question et qui, certes, ne nous ont jamais fait un accueil de complaisance. Bien plus, nous pouvons dire qu'en développant une œuvre, qu'en nous arrêtant aux vues qui viennent d'être présentées, nous avons d'une façon concomitante consulté un nombre considérable de personnes, dans toutes les branches, à tous les degrés, dont la plupart du reste ont pu nous assurer de leur concours ou nous le prêter déjà — preuve de sincérité. Enfin l'expérience nous a donné raison ; et c'est bien l'expérience elle aussi qui nous a guidé dans l'établissement d'une ligne de conduite, c'est l'expérience qui a éclairé ceux dont nous avons recherché l'avis ou la collaboration.

5. CAS DU SOLDAT

L'homme, au régiment, se prépare tout particulièrement à comprendre les intérêts de son pays et à savoir les défendre.

Mais cette préparation doit commencer longtemps avant, du jour où l'enfant réfléchit ; aujourd'hui, même, il a les moyens de recevoir une instruction militaire avant son entrée à la caserne. D'autre part, on est toute sa vie au service de la patrie.

Le passage sous les drapeaux n'est donc qu'une étape, très importante, dans l'instruction et l'éducation générales définies plus haut. Le développement des qualités physiques, la pratique de ce qu'on peut appeler le métier du soldat, la culture du sentiment patriotique, du dévouement et du sacrifice, occupent sans doute la première place. Mais l'état moral qui fait le bon soldat n'est qu'une face de l'état intellectuel et moral général de l'individu, qui n'est pas seulement soldat, qui est à la fois soldat, homme, père de famille, citoyen, agriculteur, ouvrier ou commerçant. Il faut donc, parce que l'individu est soldat, et alors au moment où il l'est le plus, c'est-à-dire quand il est sous les drapeaux, ne pas se borner à une culture étroite qui entraînerait une déviation de l'individualité dans une voie latérale. Il est en outre nécessaire, quel que soit le point de vue auquel on se place, qu'on regarde le côté soldat ou qu'on regarde le côté famille, le côté citoyen, le côté agriculteur, de ne point laisser passer cet âge de vingt ans sans contribuer dans la mesure du possible à sauvegarder ces divers intérêts. N'y est-on pas d'ailleurs incité par toutes les occasions d'instruire qui se manifestent pendant le séjour au régiment ? Pourtant, même à cet égard, on devra, par dessus tout, faire une instruction sanitaire et morale et développer les qualités intellectuelles.

Il faut tenir compte aussi de l'influence qu'exercent sur un adolescent la charge des exigences du service, la gravité de la tâche qui lui incombe — toute question de découragement mise à part — et cette influence ne saurait être contrebalancée par une surcharge trop grande que ne manquerait point d'apporter une transformation de la caserne en école de toutes les aptitudes. On ne peut mieux faire que de mettre en œuvre la distraction sous toutes ses formes et laisser aux hommes la libre jouissance de leurs loisirs.

Voici maintenant des conditions qu'on peut qualifier d'accessoires, malgré leur importance, et qui, à elles seules, suffiraient à justifier un « enseignement à la caserne » : c'est d'abord l'état d'esprit de celui qui est appelé à donner complètement deux ans de sa vie, c'est souvent le découragement ; mais les effets d'une bonne éducation antérieure et d'une préparation militaire antérieure sont excellents à ce point de vue. Ce sont surtout les influences démoralisatrices, dont on ne saurait avoir réellement raison qu'en leur opposant une nature forte par elle-même. Ce sont enfin des conditions favorables : une réunion toute faite de tous les adolescents, la liberté d'esprit de ces jeunes hommes, enfin leur docilité pour qui sait les comprendre.

Il est certain que le jour où tous les jeunes gens, au lieu d'arriver à la caserne complètement ignorants pour la plupart, auront tous reçu l'instruction et l'éducation qu'ils ont non seulement le droit, mais le devoir d'acquérir, le terrain sera singulièrement préparé. On pourra être beaucoup plus sobre et l'on pourra peut-être s'élever à certaines hauteurs de la pensée, inaccessibles aujourd'hui pour la majorité des individus.

Nous sommes dans une période de transition, et voici le programme, transitoire, qui nous a donné d'excellents résultats au cours des trois années pendant lesquelles nous avons dirigé l'enseignement à la caserne dans la garnison de Lyon :

1° Choisir, au vu d'un état des hommes, un *petit nombre de faits*, dans les ordres suivants : hygiène, vie individuelle, vie sociale, biologie, géographie, histoire, agriculture, industrie ou commerce.

2º Que ces faits soient mis en lumière et en valeur par tous les moyens possibles : causeries prévues ou improvisées, tableaux, projections, échantillons, résumés imprimés, observation et pratique personnelles.

3º Les causeries à la caserne ont lieu tantôt dans les unités, tantôt pour le corps entier.

4º Les maîtres sont des officiers ou des civils auxquels ne s'impose pas le souci de « traiter des questions », mais qui consentent volontiers à faire valoir un exemple pris dans leur expérience propre.

5º L'organisation (choix des faits, etc.), est arrêtée par une entente commune entre les divers collaborateurs utilisables, formant un *groupement local.*

6º Les causeries sont facultatives.

CHAPITRE III

1. L'ORGANISATION DE L'ŒUVRE DE PROPAGANDE SCIENTIFIQUE ET PRATIQUE

Cette organisation s'est modifiée suivant les besoins.

Pendant les années 1904, 1905, 1906, l'œuvre a été uniquement lyonnaise, représentée par un groupe de collaborateurs dont une liste se trouve dans le Rapport général de 1907. Ses ressources consistaient en souscriptions : un grand nombre de commerçants et d'industriels lyonnais l'ont ainsi généreusement aidée ; la presse lyonnaise, la Chambre de Commerce de Lyon, les Ministères de l'Intérieur et de la Guerre l'ont subventionnée.

Depuis 1907, elle est représentée par un Comité central dont voici la composition actuelle :

PATRONAGE

MM. Le Général DE LACROIX.

Le Général DUBAIL.

BOUQUET, Directeur du Conservatoire National des Arts et Métiers.

BOUTROUX, Membre de l'Institut.

BUQUET, Directeur de l'Ecole Centrale des Arts et Manufactures.

CARNOT, Membre de l'Institut.

CHEYSSON, Membre de l'Institut.

COMPAYRÉ, Membre de l'Institut.

MM. Gruner, Président de la Société d'Encouragement pour l'Industrie Nationale.

Jozon, Président du Conseil Général des Ponts et Chaussées.

Léauté, Membre de l'Institut.

Levasseur, Membre de l'Institut.

Monduit, Président de la Chambre de Commerce de Paris.

Dr Roux, Directeur de l'Institut Pasteur, Membre de l'Institut.

Tisserand, Directeur honoraire de l'Agriculture.

Dr Toulouse, Directeur à l'Ecole des Hautes-Etudes.

Président	Julien Ray.
Secrétaire	Bayol.

MEMBRES

Enseignement général :

MM. Bergson, Membre de l'Institut.

Georges Blondel, Professeur à l'Ecole des Hautes-Etudes Commerciales.

Legrand, Avoué.

Rocheron, Président du Foyer du Soldat de Vincennes.

Hygiène :

MM. Dr Artaud.

Dr Deydier.

Vallée, Professeur à l'Ecole Nationale Vétérinaire d'Alfort.

Dr Weill-Mantou.

Agriculture :

MM. Beauverie, Chargé de Cours à l'Université de Lyon.

Moreau-Bérillon, Professeur d'Agriculture.

Perraud, Professeur d'Agriculture.

Schribaux, Professeur à l'Institut National Agronomique.

Industrie :

MM. André Blondel, Ingénieur des Ponts et Chaussées.

Lebois, Inspecteur Général de l'Enseignement Technique.

Mamy, Ingénieur Civil.

Périssé, Ingénieur Civil.

M. Liard, Vice-Recteur de l'Académie de Paris, qui a toujours suivi nos travaux avec le plus bienveillant intérêt, a permis que le Comité tînt ses réunions dans une salle de la Sorbonne.

A côté de ce Comité, nous avons institué un groupement illimité, comprenant tous ceux qui, approuvant nos efforts, consentent à être nos conseillers ou même nos collaborateurs actifs, tous ceux qui veulent bien accorder aussi leur concours matériel. La liste en est déjà fort longue ; nous la publierons en annexe au présent travail.

2. SON EXERCICE

L'Œuvre de Propagande scientifique et pratique établit des méthodes et des programmes, elle en propage l'application que du reste ses collaborateurs ont parfois eux-mêmes (Lyon, 1904-1905-1906) réalisée complètement ; elle rédige des opuscules exposant d'une façon simple et pratique les questions particulièrement intéressantes ; elle répond à toutes les demandes qui lui sont adressées. Mais, en principe, elle ne dirige rien.

En tout ce qu'elle fait, elle s'inspire de toutes les opinions qu'elle peut recueillir ; on pourrait presque dire que le principal de son exercice consiste à rechercher l'opinion. Ainsi, depuis 1904, nous nous sommes personnellement entretenu avec plusieurs centaines de personnes, officiers, universitaires, médecins, industriels, commerçants, etc., et ces entretiens ont puissamment contribué à nous orienter.

En 1904, M. le Général de Lacroix, Gouverneur de Lyon, nous autorisa à organiser un enseignement dans la garnison et invita les Chefs de corps à s'entendre avec nous. Pendant trois ans eurent lieu, durant les mois disponibles, des causeries (une moyenne de 100 par an) dans les divers corps de la garnison, et l'organisateur en fit lui-même beaucoup, afin de connaître aussi parfaitement que possible les conditions en jeu. Ce fut

la première période de notre exercice, elle se termina fin 1906.
A cette époque, l'expérience étant suffisante, fut fondée par
MM. Beauverie, Pensa, Ray, Zimmermann, la Société lyonnaise de l'Enseignement à la caserne qui, depuis lors, est utili-
sée par le Gouvernement militaire de Lyon et qui, nous tenons
à le dire, ne dépend en aucune façon de notre œuvre.

Une seconde période, chevauchant sur la première, fut celle
où MM. les Généraux Commandants de Corps d'armée, en
particulier M. le Général Gallieni, engagèrent les chefs de corps
de leur commandement à appliquer notre méthode et à nous
consulter au besoin. En cela, MM. les Commandants de Corps
d'armée se conformaient simplement aux instructions ministérielles qui les conviaient à se servir des concours civils qu'ils
jugeraient convenables. Nous eûmes alors à répondre à de
nombreuses demandes non seulement de conseils, mais de
matériaux d'enseignement (projections, tableaux, etc.).

Dans une troisième période, nous avons formé les deux
groupements précités.

Conférences.

1904, 1905, 1906 : Causeries dans les casernes de la garnison
de Lyon.
7 mai 1907 : L'Education de l'homme soldat, l'Enseignement
à la caserne (conférence aux officiers et élèves de
l'Ecole spéciale militaire de Saint-Cyr, par M.
J. Ray).
19 mars 1908 : L'Education intellectuelle et morale du soldat
(leçon à l'Ecole des Hautes Etudes Sociales, école de
morale, par M. J. Ray).

Congrès, etc.

Au cours des trois périodes, nous avons participé à divers
congrès et assemblées où les questions d'enseignement devaient
être discutées.

Congrès de l'Association Française pour l'Avancement des Sciences.

1906. Lyon. Un Enseignement scientifique dans les casernes (communication par M. J. RAY).

1907. Reims. Question à l'ordre du jour : L'Enseignement scientifique, professionnel et agricole dans les casernes (Rapporteurs : MM. J. RAY et MOREAU-BÉRILLON, Professeur spécial d'agriculture à Reims).

1908. Clermont-Ferrand. Question à l'ordre du jour : Les enfants et les adolescents impulsifs et vicieux ; mesures de préservation sociale et procédés médico-pédagogiques qui leur sont applicables (Rapporteurs: MM. le Dr BÉRILLON, Médecin-inspecteur des asiles d'aliénés de la Seine, et J. RAY).

Ibid. L'Éducation intellectuelle et morale du soldat (communication par M. J. RAY).

1909. Lille. L'Instruction et l'Education après l'Ecole (mémoire présenté par M. J. RAY).

Assemblées générales de la Société nationale d'Encouragement à l'Agriculture.

1908. Question à l'ordre du jour : L'Enseignement agricole à la caserne (Rapporteur : M. J. RAY).

2e Congrès International d'Education populaire (1908).

L'Éducation intellectuelle et morale du soldat (communication par M. J. RAY).

Publications.

Nos publications peuvent se classer ainsi :

a) MÉMOIRES, RAPPORTS, etc.

1904. Une œuvre d'hygiène sociale *(Journal des Médecins praticiens de Lyon et de la région).*

1905. L'Epargne de la mort *(Bulletin de l'Union du Sud-Est des Syndicats agricoles).*

1906. Rapport sur l'Enseignement à la caserne.

1906. Programme général d'Enseignement à la caserne.
— Un Enseignement scientifique dans les casernes *(Comptes rendus de l'A. F. A. S.)*.
1907. Rapport général sur l'Enseignement à la caserne.
— L'Enseignement scientifique, professionnel et agricole dans les casernes *(Comptes rendus de l'A. F. A. S.)*.
1908. L'Enseignement agricole à la caserne *(La Semaine agricole, bulletin de la Société nationale d'encouragement)*.
— Un Enseignement méthodique d'hygiène sociale à la caserne *(La Presse médicale)*.
— L'Education intellectuelle et morale du soldat *(Comptes rendus de l'A. F. A. S.)*.
— Les enfants et les adolescents impulsifs et vicieux *(Ibid.)*.
1909. L'Instruction et l'Education après l'Ecole.
    b) RÉSUMÉS A L'USAGE DU SOLDAT.
    c) OPUSCULES.
1905. Dr DEYDIER : Conseils pratiques de Médecine et de petite Chirurgie à l'usage des cultivateurs.
1909. etc. Divers en préparation.

Rapports non publiés.

Octobre 1906, avril 1907, mai 1907, août 1907, mai 1908, juillet 1908, février 1909 : Rapports au Ministre de la Guerre sur l'Enseignement à la caserne.
1907. Rapport au Gouverneur de Lyon sur les conditions dans lesquelles peut être organisée la documentation matérielle (projections, etc.), programme d'essais agricoles.

3. RÉSULTATS

Ils ont été particulièrement sensibles à l'égard des soldats.

Sans contrainte aucune, nous avions une assiduité *continue* et une attention zélée. Cet intérêt manifesté par les hommes et par ceux même qu'on nous donnait comme les plus fermés marque un premier résultat. Bien plus, on les a interrogés : l'avis unanime est que nos élèves avaient retenu chacun leur petite part, qu'ils avaient compris, qu'en tous cas leur esprit avait utilement travaillé.

CHAPITRE IV

NOTRE ENQUÊTE

1. LISTE DE 500 INTERVIEWS [1]

AGRICULTURE. — MM. Ruau, Ministre ; Gomot, Viger, Vermorel, Sénateurs ; Decker-David, Plissonnier, Députés ; Tisserand, ancien Directeur de l'Agriculture ; Vassillière, Directeur ; Grandeau, Inspecteur général des Stations agronomiques ; Adr. Dariac, Inspecteur général ; Schribaux, Hitier, Professeurs à l'Institut agronomique ; Battanchon, Em. Durand, Inspecteurs de l'Agriculture ; les Professeurs d'Agriculture ; Couturier, Guffroy, Ingénieurs agronomes.

COMMERCE ET INDUSTRIE. — MM. Doumergue, Cruppi, Ministres ; Gabelle, Directeur de l'Enseignement technique ; Bouquet, Directeur du Conservatoire ; Buquet, Directeur de l'Ecole Centrale ; Lebois, Inspecteur général ; Georges Blondel, Professeur à l'Ecole des Hautes Etudes commerciales ; Chuvin, Directeur de l'Ecole d'Electricité industrielle ; Gruner, Président de la Société d'Encouragement pour l'Industrie nationale ; J. Charles-Roux ;

MM. Abadie, Appert, Armengaud, Aubert, Aucamus, Auscher ;

Babut, MauriceBaer, Baille, Bardin, de la Barre, Barrez, Barthélemy, Battendier, Baube, Baum, Beer, Bénech, Benoiston, Béquet, Bergès, Berlier, Max. Bernard, Bernard-Depigny, André Berthelot, Bertrand, Blad, Blanck, Henri Bloch,

---

[1] Cette liste mentionne, à titre documentaire, 5oo personnes parmi celles dont nous avons recueilli les opinions.

Martin Bloch, Blot, Lucien Blum, Bodin, Boisselier, Bolling, Bonnet, Boogaerts, Bossu, Bourdon, Boveral, Georges Brossard, Brulé, Bugniot, Byla ;

Cadolle, Jules Cahen, Calvet, Carpentier, Casevitz, Catelin, Chanay, Charabot, Chatelier, Chausson, Chauvin, Chevron, Chollet, Cicile, Clair, Clapin, Conza, Couriot, Créténier, Croizier, de Cullant ;

Danzer, Darcy, Darracq, Darses, David-Mennet, David-Missilier, Daydé, Decauville, Delannoy, Delaunay-Belleville, Delcous, Delmas, Demaria, Demogé, Depoux, Dequéant, Desfossé, Devinat, Donckele, René Dreyfus, Dubrujeaud, Ducasble, Ducellier, Em. Dufour, Dufrêne, Dumolin, Georges Dumont, Alb. Dupont, Ad. Dury ;

Edinger, Erhard, Eurieult, Expert-Besançon ;

Falco, Farcy, Fermé, Fèvre, Fleury, Fougerat, Fumouze ;

Gabreau, Gadan, Galante, Gall, Ganne, Gardaire, Alb. Garnier, Gautier-C., Gilles, Gin, Jean Goldschmitt, Ad. Gompel, Goumain, Greilsamer, Grévy, Grillou, Félix Guy ;

Haas, Halfon, Halimbourg, André Halphen, Hamaide, Haret, Harlé, Haugou, Hautecœur, Havy, Jules Hayem, Hazeler, Heuer, Heymann ;

Jadrat, Jameson, Jaquet, Joseph S., Jouanny, Jourdan ;

Arth. Kahn, Marcel Kapferer, Karcher, Kaufmann, Kayser, Henry Klotz ;

Lacroix, Laguionie, Henry Lambert, Lange, Anat. Langlois, Larivière, Latouche, Eug. Lattès, Léauté, Georges Lefebvre, Legrand, Legras, Leprince, Aug. Lévy, Fern. Lévy, Louis-Guérin, Lyon ;

Maggi, Maibaum, Mamy, Marescot, Mayen, Ménétrier, Gaston Menier, Meyer, Michaud, Mildé, Mirabaud, Morel-Kahn, J.-B. Morin, Muller, Murat ;

Niclausse ;

Pagès, Panckoucke, Pellet, Perdoux, Henry Pereire, Périssé, Perquel, Alb. Piat, Arm. Picard, Pierredon, Alph. Pinard, Pinot, Plateau, Popp, Poulenc, Lucien Prévost, Prévot ;

Alf. Renouard, Anat. Révillon, Ricbourg, Richemond, Risler, Romain, Rousse ;

Saillard, Saladin, Georges Salomon, Gust. Sandoz, Schlesinger, Schreiber, Schuhmann, Jacq. Siegfried, Frédéric Simon ;

Talansier, Tardif, Tavernier, Tellière, Terquem, Thibault, X. Thiébaut, Thirion ;

Vergne, Viallar, Vinant, Alf. Vinet ;

Wallach, Watel, Wattier, Cam. Weil, Léon Weil, Lazare Weiller, Wiesmann, Willard, Em. Wolf.

MÉDECINE. — Les Docteurs Bouchard, Chantemesse, Guyon, Hallopeau, Huchard, Jaccoud, Labbé, Lancereaux, Landouzy, Lannelongue, Lucas-Championnière, Ch. Richet, Roux, membres de l'Académie de Médecine ;

Les Docteurs Alexandre, Armaingaud, Bérillon, Desgrez, Letulle, Mouneyrat, Toulouse, Vallée, Weill-Mantou, Wicart et de nombreux médecins praticiens.

DROIT. — Le Premier Président Forichon ; Mes Barboux, Bétolaud, Bourdillon, Chenu, Danet, Devin, Martini, Ployer, Rousset, anciens Bâtonniers ; Mes Gaston Brunet, Georges Bureau, Cartier, Jacq. Cohen, Crozet, Hesse, Jassada, Ern. Maurice, Merle, Oulmann, Henri Robert ; Mes Audouin, Berryer, Bertin, Bonnin, Bourgeois, Chartier, Denizot, Legrand, Avoués.

TRAVAUX PUBLICS. — MM. Ad. Carnot, Henri Le Chatelier, Nivoit, André Pelletan, Inspecteurs généraux des Mines ; Alexandre, Doerr, Flamant, Guérard, Haag, Ern. Henry, Hetier, Jozon, Kleine, Lavollée, Lax, Lethier, Loche, Lodin, Mengin-Lecreulx, Meunier, Mocquery, Quinette de Rochemont, Georges Renaud, Resal, Inspecteurs généraux des Ponts et Chaussées ; Barral, Heurteau, Wickersheimer, Alby, Bechmann, Blondel, Sartiaux, Ingénieurs en chef ; Lemercier, Mahieu, Ingénieurs ; Eyrolles, Directeur de l'Ecole spéciale de Travaux publics ; Bertin, Perchot, Entrepreneurs ; Besdel, Architecte.

Armée. — MM. le Général Picquart, Henry Chéron, Ministres ; Maurice Berteaux, le Général André ; Gervais, Ch. Humbert, le Général Langlois, Mézières, Sénateurs ; Messimy, Député ; les Généraux de Lacroix, Gallieni ; le Général Dalstein ; les Généraux Commandants de Corps d'armée ; le Général Pedoya ; les Généraux Dubail, Oudard ; les Généraux de Beylié, Eydoux, Sauret, Valabrègue ; le Médecin-inspecteur Strauss ; Gaston Chabbert, Directeur du bureau des Œuvres sociales au Ministère de la Guerre ; et un très grand nombre d'officiers et médecins militaires.

Enseignement. — MM. Briand, Doumergue, Ministres ; Ferd. Buisson, Théod. Reinach, Steeg, Députés ; Bayet, Gautier, Gasquet, Directeurs au Ministère ; Liard ; Rabier ; Levasseur, Boutroux, Ern. Lavisse, Alf. Croiset, Compayré, Bergson ; Laisant ; Jalliffier, Ed. Petit, Seignette ; Frixon ; C. Verlot.

Editeurs. — MM. Alcan, Belin, Calmann-Lévy, Delagrave, Delalain, Dorbon, Fasquelle, Firmin-Didot, Flammarion, Gauthier-Villars, Hachette, Houssiaux, Lafitte, Max Leclerc, Le Vasseur, Pinat.

Œuvres Sociales. — MM. Emile Loubet, Casimir-Périer ; Paul Deschanel, Fern. Dubief, Jean Dupuy, Hanotaux, Maujan, Jules Siegfried ; Lucien Cornet, Ferd. Dreyfus, d'Estournelles de Constant, Mascuraud, Sénateurs ; de Chambrun, Justin Godart, Léon Janet, Raiberti, Députés ; Mirman, Directeur de l'Assistance et de l'Hygiène publiques ; Ab. Ballif, Bellan, Louis Blocq, Paul Bolo, Raoul Bompard, Paul Bourget, Ad. Brisson, Théoph. Cart, Cheysson, Léonce Dariac, Paul Dislère, Ganderax, Edm. Goudchaux, Yves Guyot, Georges Lahaye, Louiche-Desfontaines, Victor Margueritte, Le Myre de Vilers, Noblemaire, Georges Pallain, Georges Paraf, Georges Picot, Salomon Reinach, Léon Robelin, Rocheron, Marcel Trélat, Roger Trousselle, Louis de Vogüé, Mme Geneviève Coulon, Mme Jules Veil-Picard.

2. OPINIONS DANS L'ARMÉE

G^{al} ..., C^t le ... Corps d'armée :

L'œuvre à laquelle vous donnez tous vos soins me semble fort utile et mérite d'être encouragée. Dans le cas où vous seriez disposé à faire profiter les garnisons du ... Corps d'armée des avantages de cette œuvre, je suis tout disposé à vous en faciliter les moyens.

G^{al} ..., C^t le ... Corps d'armée :

a) J'ai suivi avec intérêt tout ce qui s'est fait à Lyon, sous votre impulsion, pour l'organisation de l'enseignement à la caserne, et très partisan moi-même de la chose, je viens faire appel aujourd'hui à ... N'avez-vous point à ... un correspondant de votre groupe lyonnais qui pourrait me donner en la circonstance d'utiles indications?

b) J'ai tiré bon parti des renseignements que vous avez bien voulu m'envoyer sur ma demande, et je crois que la voie indiquée est bonne.

G^{al} ..., C^t le ... Corps d'armée :

Il y a dans la vie à la caserne, même dans celle qui est le mieux comprise, ..., des heures vides, le soir, pendant lesquelles le malheureux soldat se trouve trop facilement entraîné à des distractions de mauvais aloi.

D'autre part, pour des causes diverses, l'éducation générale de ces jeunes gens est souvent nulle. L'ignorance de leurs devoirs sociaux est totale; souvent même ils connaissent mal les conditions du métier qui sera le leur. Combler semblables lacunes est un devoir pour une démocratie.

Tous les chefs militaires, aussi bien que les bons citoyens, ne peuvent donc que vous savoir le plus grand gré de la méthode et du zèle que vous apportez à la solution de ce double problème.

G^{al} ..., C^t le ... Corps d'armée :

J'estime avec vous qu'un enseignement donné avec méthode aux soldats présents sous les drapeaux ne peut que leur être très utile en les arrachant à l'oisiveté et à toute influence démoralisatrice en dehors de la caserne. C'est avec intérêt que je suivrai les résultats obtenus par l'œuvre dont vous êtes le fondateur.

G^{al} ..., C^t le ... Corps d'armée :

L'Œuvre de propagande scientifique et pratique s'est proposé de coopérer à la noble mission dévolue à l'armée, de l'aider à donner aux adolescents qui lui sont confiés la forte empreinte du progrès, à en faire des hommes dans le sens élevé du terme, des citoyens utiles à la collectivité, capables de tracer droit leur sillon dans le champ que la vie va offrir à leur jeune activité au sortir du régiment.

Les excellents résultats qu'il a été possible de constater déjà permettent d'affirmer que l'effort de l'œuvre n'a pas été vain, et d'espérer de son développement progressif un succès plus complet encore. Je suis heureux de vous exprimer une appréciation aussi élogieuse de la tâche à laquelle vous vous êtes consacré.

G^{al} ..., C^t le ... Corps d'armée :

Vous réussirez certainement, car vous êtes dans le juste milieu et dans le vrai, et ce sera grand bien pour nos soldats.

G^{al} ..., C^t le ... Corps d'armée :

Je pense comme vous que cet enseignement ne portera de fruits qu'à la condition d'être méthodique et bien organisé.

G^{al} ..., C^t le ... Corps d'armée :

Voici comment j'ai compris la première étape à parcourir dans la voie de l'œuvre que vous avez entreprise. Vous verrez que si je n'ai pas cru devoir la rendre plus décisive, c'est de peur d'aboutir à un échec, en demandant trop, sans d'ailleurs que le but, plus complet, que vous poursuivez, ait cessé de me paraître désirable et, dans une certaine mesure, réalisable...

Si l'on ne veut pas se payer de mots, on devra, à l'avenir, s'attacher à limiter l'enseignement dit professionnel à un programme de connaissances techniques si l'on veut, mais d'ordre général, présentées de préférence sous la forme de causeries sans prétention et agrémentées de nombreuses projections ou d'expériences... L'enseignement professionnel, compris comme il vient d'être dit, n'est pas moins à encourager vivement, comme tout enseignement destiné à compléter l'instruction, malheureusement encore trop rudimentaire, que possèdent le plus grand nombre des hommes de recrue. C'est à cette catégorie surtout que s'adresse l'enseignement professionnel. On profitait autrefois du passage des illettrés dans l'armée pour leur apprendre à lire; il faut, actuellement, faire un pas de plus : développer leurs connaissances générales et y ajouter quelques notions pratiques, indispensables dans toutes les professions. Parmi ces notions — et comme l'a nettement compris l'OEuvre de propagande scientifique et pratique, il convient de mettre en première ligne celles relatives à l'hygiène, car sur cette question se manifeste d'habitude une ignorance dangereuse à tous égards.

G^{al}... :

Je suis heureux de vous dire combien j'apprécie les efforts que vous faites pour établir cet enseignement sur des bases sérieuses et raisonnables et surtout pour lui donner une allure méthodique.

G^{al}... :

J'ai vu qu'on pouvait avoir un régiment au moins aussi brillant que les autres au point de vue militaire et trouver encore le temps de développer l'instruction générale de la troupe. J'ai vu que ces deux choses se complétaient.

Je suis tout acquis à votre œuvre.

Capitaine.., :

J'ai personnellement pratiqué l'enseignement à la caserne pendant plus de dix ans, aussi bien et surtout dans les camps et les bivouacs, en Algérie et en Extrême-Orient. Soldats français et indigènes m'ont toujours témoigné une reconnaissance extraordinaire par leur dévouement en toutes circonstances dans les situations les plus difficiles, les plus graves. C'est que nous avions appris à nous connaître ; et nous nous connaissions bien, grâce à cet enseignement.

3. OPINIONS EN DEHORS DE L'ARMÉE

VOEUX

Association Française pour l'Avancement des Sciences, Reims, 1907.

Après avoir entendu les rapports de MM. Julien RAY et MOREAU-BÉRILLON ainsi que les observations de M. AUREGGIO, la section de Pédagogie et Enseignement adopte les conclusions suivantes :

1° Un enseignement à la caserne est non seulement utile mais nécessaire, d'abord parce qu'il constitue le meilleur moyen d'occuper les jeunes gens aux heures de loisir, en leur donnant à réfléchir, et surtout parce que le soldat est à un âge de développement physique et intellectuel où une instruction s'impose ;

2° L'enseignement doit s'attacher à servir étroitement les intérêts professionnels et sanitaires de l'individu tout en étant d'ordre *général*, c'est-à-dire en cherchant à développer par dessus tout le jugement, le sens moral, l'initiative ;

3° L'enseignement ne doit être ni uniquement l'œuvre de l'officier ni uniquement celle du civil ; il doit être organisé par un groupement synthétique de toutes les compétences, dont le type est la Société d'enseignement à la caserne.

En conséquence, la section émet le vœu

Que les initiatives privées d'une part, les pouvoirs publics de l'autre, s'inspirent de ces principes et favorisent l'établissement dans toutes les garnisons d'une organisation méthodique conforme aux dits principes.

Adopté à l'unanimité.

Société nationale d'Encouragement à l'Agriculture, 1908.

Après le Rapport de M. Julien RAY et les observations de MM. ROZERAY, Professeur départemental d'agriculture des Deux-Sèvres, DANGUY, Professeur départemental de la Loire-Inférieure, GOMOT, TISSERAND, le vœu suivant est adopté à l'unanimité :

1° L'enseignement agricole doit être donné aux soldats de façon à entretenir chez les jeunes gens le goût de leur première profession, en vue d'enrayer l'exode des campagnes vers les centres urbains, de développer surtout les idées de mutualité agricole ;

2° Il doit être organisé méthodiquement et mis à la portée des soldats dans la limite du temps dont ils disposent, de manière à ne pas nuire aux besoins de l'instruction militaire et aux intérêts de la défense nationale ;

3° Les pouvoirs publics devraient contribuer, pour leur part, à propager ces principes de méthode et de juste mesure.

PROPOSITION DE LOI

Tendant à ouvrir au budget du Ministère de la Guerre, sur l'exercice 1907, un crédit supplémentaire pour organiser l'enseignement méthodique à la caserne.

(Annexe au procès-verbal de la 2ᵉ séance du 25 novembre 1907.)

Présentée par M. Lucien Cornet, Député.

EXPOSITION FRANCO-BRITANNIQUE. — Londres, 1908.

Groupe XVI : Economie Sociale. Classe 111-112 : Hygiène et Assistance.

Médaille d'or.

CHAPITRE V

TABLEAU CRITIQUE

1. CRITÉRIUM : QUALITÉS DE L'ENSEIGNEMENT

On doit réaliser un bon état intellectuel et moral.
On doit instruire et distraire.

a) Petit nombre de faits (par causerie : un peut-être).			
b) Raisonnement.			**méthode**
c) Faits bien choisis	hygiène vie individuelle vie sociale biologie géographie histoire points professionnels	Points de vue SANITAIRE INTELLECTUEL MORAL	**unité** **portée**
d) Collaborateurs compétents.			
e) Petit auditoire.			

A côté de cela peuvent prendre place des « Conférences » et des Cours.

2. EXEMPLES

(Nous croyons ne pas devoir nommer les Corps de troupe).

I

A. — Conférences a la caserne (11), surtout par les officiers.

Les œuvres de prévoyance, de mutualité et de coopération. L'alcoolisme, les maladies vénériennes. Notes de voyage en Suisse et en Italie. Ballons, navigation aérienne. Postes, télégraphie. Souvenirs de séjour en Tunisie, les cultures aux colonies. Nos grands auteurs patriotes. — M. X., bibliophile : La manière de bien lire. — M. B., contrôleur principal des mines : Les chaudières à vapeur. — *Id.* Les moteurs. — M. X., avocat : Les accidents du travail.

B. — Enseignement professionnel.

a) *Groupe agricole.*
Mar. des log. X. : Causeries.
b) *Groupe commercial.*
Cours du Cercle des employés de commerce (Dactylographie, Sténographie, Comptabilité, Mathématiques commerciales, Droit commercial, Langues vivantes).
c) *Groupe industriel.*
α. Conférences. — M. X., officier ayant été plusieurs années dans les usines de la Loire : Essais de réception des métaux, fabrication des canons. — M. X., officier chargé du service photoélectrique : Electricité, etc...
β. Cours de l'Ecole photo-électrique. — Cours d'Electricité de l'Ecole pratique d'Industrie. Cours de dessin d'ornement à l'Ecole des Beaux-Arts. Cours de dessin industriel et de travail manuel à l'Ecole pratique d'Industrie (en projet : Séances du soir, spéciales aux soldats ou communes aux soldats et aux jeunes ouvriers).

Critique. — Excellent en ce que l'officier reste, en général, bien dans son rôle ; mais enseignement trop uniquement professionnel.

II

Conférences dans les compagnies.

Exemple : 1ʳᵉ compagnie. — Propreté corporelle, argent, bijoux. La solidarité dans le commerce journalier de la vie. Bonne volonté, bonne humeur. Respect de l'uniforme, l'esprit de corps. Solidarité. Le bon soldat. La vie de Gambetta. Combat de Montretout. Combat de Buzenval. Aide aux agents de l'autorité. Combats de 1870-71. Batailles au drapeau. Mobilisation. Conduite d'un bon soldat au combat. Nécessité de l'Armée. La consigne. Bataille de Marengo. Influence des exercices physiques. La France (commerce, industrie, agriculture, colonies).

Opinion du Capitaine Cˡ. — L'instruction par les yeux, l'exploitation de l'à propos.

Critique. — Cet enseignement a de l'unité, il est essentiellement moral il est excellent par la place donnée à l'exemple et à l'observation ; mais il est établi sur une base insuffisante.

III

A. — Conférences pour le corps.

M. M., professeur d'agriculture : 9 conférences.

B. — Conférences pour les escadrons.

a) *Thèmes militaires.* — Historique du régiment. Guerre de 1870. Guerre russo-japonaise. Expédition du Maroc.

b) *Thèmes civiques.* — Loi du 21 mars 1905. Rengagements, emplois civils. Devoirs envers la Patrie et la Société. Organisation de l'armée. Nécessité d'une armée permanente.

c) *Thèmes économiques.* — Empire colonial de la France. Alcoolisme. Syphilis. La région : commerce et industrie.

d) *Thèmes moraux.* — Le drapeau. Le respect de l'uniforme. La discipline. La mutualité.

Cʀɪᴛɪǫᴜᴇ. — Cet enseignement a de la méthode et de l'unité ; on ne peut que regretter l'emploi du système conférence.

IV

A. — Cᴏɴꜰéʀᴇɴᴄᴇs ᴅ'ɪɴsᴛʀᴜᴄᴛɪᴏɴ ᴍɪʟɪᴛᴀɪʀᴇ ᴅᴀɴs ʟᴇs ᴄᴏᴍᴘᴀɢɴɪᴇs ᴇᴛ ᴘᴏᴜʀ ʟᴇ ᴄᴏʀᴘs ᴇɴᴛɪᴇʀ.

Service intérieur. Service en campagne. Service de places. Tir. Gymnastique. Hygiène. Morale.

B. — Cᴏɴꜰéʀᴇɴᴄᴇs ᴘʀᴏꜰᴇssɪᴏɴɴᴇʟʟᴇs ᴘᴏᴜʀ ʟᴇ ᴄᴏʀᴘs ᴏᴜ ᴘᴏᴜʀ ʟᴀ ɢᴀʀɴɪsᴏɴ.

a) *Agriculture.*

M. R., professeur d'agriculture, 6 conférences : Production des végétaux. Le bétail. Installation d'une propriété agricole nouvelle. — Lieut. G. : Aliments de la plante. — Garde g^{al} F. : Sylviculture, hydrographie. — Lieut. G. : Syndicats agricoles, mutualité agricole. — M. C., avocat : Droit pratique.

b) *Commerce.*

M. B., professeur à l'Ecole de Commerce : Le commerce (intérieur, extérieur ; ventes, monnaies, billets). Paiements. Intérêts. Comptabilité. — Lieut. G. : Mutualité commerciale. — Lieut. D. : Les chemins de fer.

c) *Industrie.*

M. B. : L'Industrie. Matériaux de construction. Métaux. Porcelaines. Industries frigorifiques. — Lieut. G. : Syndicats, mutualité. — Lieut. D. : Histoire des industries en France. — Lieut. T. : Etat économique de la France, de l'Allemagne, de l'Angleterre, des Etats-Unis. Transit international.

d) *Beaux-Arts.*

M. C., ingénieur : Les styles. Les arts. L'art décoratif. Architecture. Sculpture. Orfèvrerie. Céramique. Peinture. Gravure.

C. — Conférences récréatives et instructives par compagnie ou par demi-bataillon.

Maroc. Drapeau, patrie. Marceau. 1789. 1814. Mutualité.

Critique. — Cet enseignement est trop professionnel et, même à ce point de vue, il est critiquable : trop vaste pour les individus d'une profession déterminée, pas assez explicite à l'égard d'un point déterminé.

V

A. — Pour le corps.

a) *Conférences par les Officiers.*

Méd.-maj. : Maladies vénériennes. Tuberculose. — Lieut. T. : Anatomie et physiologie appliquées. —Lieut. F. : L'Alsace. — Cap. E. : L'invasion dans l'Est en 1870. — Lieut. T. : Mutualité militaire. — Aide-maj. F. : Tuberculose. Syphilis. — Aide-vét. B. : Soins à donner aux animaux, leurs maladies. — Lieut. P. : Histoire de la France. —Cap. E. : Infanterie d'Afrique. —Lieut. P. : Allègement du fantassin. — Lieut. T. : La France au Maroc. — Lieut. P. : Economie politique (production, circulation des richesses, impôts). — Lieut. T. : Opérations de la guerre de 1870. — Lieut. C. : L'armée allemande, les uniformes. — Lieut. T. : Marine de guerre française. — Lieut. B. : Le sergent Bourgogne (1812-13). — S.-Lieut. P. : L'armée de l'ancien régime. — Cap. E. : La conférence d'Algésiras. — S.-Lieut. B. : Le soldat français, le soldat des armées étrangères. — S.-Lieut. D. : Les soldats de Guillaume II. — Lieut. T. : Le pont de Fontenoy. — Lieut. S. : Armes portatives en service dans les différentes armées. — Cap. E. : Ce qui se passerait en cas de guerre. — Lieut. C. : Torpilles et torpilleurs. — Lieut. L. : Guerre de 1870. Les grandes colonies françaises. — X. : Généralités sur la Révolution française. — Lieut. C. : Déclarations de guerre et traités de paix à travers les âges.

Adj. C. : Nombreuses conférences et causeries sur l'agriculture, le déboisement, le reboisement, les engrais chimiques, etc.

b) *Leçons par les Professeurs du Lycée.*

Calcul : 2. Physique : 2. Français : 2. Composition française : 1. Histoire : 1.

B. — DANS LES COMPAGNIES.

a) *Causeries par des soldats experts dans leur profession ou leur emploi.*

b) *Leçons de morale et d'instruction civique.*

C. — GRAND DÉVELOPPEMENT DE L'ÉDUCATION PAR L'OBSERVATION ET L'EXPÉRIENCE.

Salle de réunion avec affiches, cartes, dernières nouvelles, musée agricole. Promenades instructives.

Opinion du Capitaine organisateur. — Transformer en hommes les adolescents qui nous sont confiés, les compléter par les connaissances utiles qu'ils peuvent acquérir au régiment, accroître par l'éducation et l'enseignement la valeur propre de chacun d'eux, c'est gagner le cœur du soldat en vue de sa préparation à la guerre avec plus de développement, c'est lui assurer une augmentation de valeur sociale à son retour au foyer.

CRITIQUE. — Excellent esprit à tous points de vue, mais enseignement trop chargé en *conférences*, dont nous savons le défaut.

VI

A. — POUR LA GARNISON.

Cours d'adultes : Histoire, Géographie, Français, Arithmétique, Sciences physiques et naturelles.

Cours spéciaux aux soldats, à la Faculté des Sciences : Agriculture générale, Arboriculture, Horticulture.

Cours non spéciaux, à l'Ecole professionnelle : Dessin, Technologie.

B. — Pour le corps.

Méd.-maj. C., 4 conférences : Maladies vénériennes.

C. — Conférences dans les compagnies.

Exemples : 5ᵉ compagnie. — Alcoolisme. Maladies véné-riennes. Hygiène. Patrie. Drapeau. Devoirs du soldat envers ses chefs, ses camarades, sa famille, lui-même. Nécessité d'une armée permanente. Les vertus militaires : exemples fameux. Solidarité et camaraderie. Convention de Genève. Châtiments, récompenses. Mission Foureau-Lamy. Siège de Saragosse. Guerre de 1870.

8ᵉ compagnie. — 60 conférences (Cap. S. ; Lieutˢ M., B., L. ; Adj. P. ; Serg. A. ; Soldˢ G. et C.).

Opinions des Capitaines Cˡˢ. — Profiter des occasions de la vie journalière pour faire l'éducation morale des hommes par des leçons de choses (5ᵉ compagnie). — Il y a, en plus des conférences et mieux qu'elles, le commerce journalier de l'offi-cier et du soldat, qui donne l'occasion de mille leçons de choses toutes pratiques et qui engendre une confiance réci-proque, la meilleure auxiliaire de la discipline (6ᵉ compagnie).

Critique. — Enseignement conçu dans un excellent esprit à tous points de vue ; il reste toujours cependant l'objection à la conférence et au cours.

VII

A. — Pour le corps.

a) *Conférences.* — Lieut. M. : Viticulture. — S.-Lieut. B. : Les uniformes de l'armée allemande. — S.-Lieut. C. : Les fortifications à travers les âges. — S.-Lieut. A. : Le Trans-sibérien. — S.-Lieut. J. : Les automobiles. — S.-Lieut. B. : Les ponts. — Aide-maj. X., 2 conférences : Alcoolisme. Mala-dies vénériennes.

b) *Cours professionnels, au Foyer du soldat :* Allemand ;

Géométrie ; Algèbre ; Anglais ; Violon ; Dessin, art décoratif et industriel ; Dessin d'architecture ; Musique ; Sténographie ; Esperanto.

B. — Pour les batteries.

Causeries suivant les circonstances : Morale, hygiène. Causeries improvisées : occasions offertes par des faits concrets pris sur le vif (en manœuvre par exemple).

Opinion du Chef d'escadron major. — Il y a du temps, même dans une batterie où l'instruction militaire est très bien faite. Les capitaines commandants s'inspirent des circonstances du moment pour faire de bons citoyens et des hommes.

Critique. — Les conférences de corps, les cours peuvent avoir leur utilité; en tous cas ils ne sont point gênants ici. L'enseignement d'unité est conçu dans un excellent esprit, mais il n'a pas une base assez large.

VIII

A. — Pour le corps.

a) *Cours de morale civique :* M. G., professeur de rhétorique au lycée.

8 conférences : La lettre d'affection. La lettre de convenance et la conversation. Le discours public, l'orateur. L'auditoire. L'hygiène. Le mariage, l'habitation, l'économie domestique. L'éducation de l'enfant. Le travail, le métier de soldat, la profession, la solidarité.

b) *Arts pratiques.*

Agriculture : M. G., instituteur.

5 conférences : La plante. Les éléments chimiques. Fumier et engrais mixtes. Engrais minéraux. Amendements, assolements.

Commerce : M. Q., avocat.

1 conférence : Organisation actuelle.

c) *Arts esthétiques.*

5 conférences : Lieut. T. : La poésie. — Lieut. C. et M. D., instituteur : La musique (avec audition musicale). — M. S., professeur de collège : La chanson française à travers les âges (avec chants). — Lieut. P. : La peinture. — Lieut. B. : L'architecture.

d) *Biologie et Sociologie.*

Hygiène : Méd.-maj. P.

2 conférences : Prophylaxie de la fièvre typhoïde. Tuberculose.

Economie politique : M. C., notaire.

3 conférences : L'Etat, l'électeur et les élections. Le Parlement, le Gouvernement. Le département et la commune.

Inscrit au programme : L'industrie, la banque, la sculpture, la théorie cérébrale de la sensation.

Les conférences des séries b, c, d s'entremêlent.

B. — Dans les compagnies, causeries et conférences morales complétant ou commentant les sujets traités dans les conférences générales.

Critique. — Cet enseignement a une certaine méthode et une certaine unité dans ses grandes lignes ; il est conçu à un point de vue général, mais il y a trop de faits et, par conséquent, pas assez de place pour les faits qui seraient vraiment intéressants ; c'est une juxtaposition, sans portée suffisante, tandis qu'on voudrait y voir une synthèse, féconde à tous égards.

IX

A. — Pour le corps.

a) *Instruction morale et Instruction générale.*

6 conférences : Cap. A. : Nécessité des armées permanentes, la Patrie, le drapeau, la discipline. Expansion coloniale, Tonkin, Madagascar, Sergent Bobillot, Algérie, Tunisie. — Lieut. H. : La France, son commerce, son industrie, son agriculture.

— Cap. C. : L'Europe, les puissances étrangères, Angleterre, Allemagne, Russie. Historique du régiment, rôle du ..., glorieux faits d'armes accomplis par la troupe... — Méd.-maj. T. : L'homme.

5 conférences improvisées : Cap. L. (a été en Chine) : La Chine. Etc...

b) *Agriculture.*

6 conférences : M. Z., professeur d'agriculture : Le fumier de ferme et les engrais chimiques. Culture intensive du blé. Cultures fourragères. Le vin, vinification, maladies des vins. — Vét. D. : Hygiène des animaux. — Lieut. H. : Le sol, la plante, maladies cryptogamiques, alimentation.

c) *Industrie.*

5 conférences : M. X., conducteur des ponts : Maçonnerie, matériaux, leurs qualités et défauts, meilleurs modes d'emploi. Bois, menuiserie, charpente, peinture. Fer, grandes constructions, quincaillerie. — Lieut. V. : Electricité, télégraphie, téléphone, lumière, énergie électrique. — M. M., industriel : Moteurs à explosion, principes, principales applications.

d) *Commerce.*

2 conférences : Cap. F. : Economie politique, protection, libre échange. Comptabilité commerciale.

B. — DANS LES COMPAGNIES, conférences sur les vertus militaires, la géographie, etc..., par les officiers et sous-officiers.

CRITIQUE. — Enseignement s'inspirant d'une vue assez générale, bien réparti entre des collaborateurs compétents ; mais pas de méthode, trop de faits, point de vue sanitaire négligé.

X

A. — CAUSERIES DANS LES BATTERIES.

Exemple : Nécessité du service militaire, ses obligations. La guerre de 1870, cause de nos revers. Etendard du..., des sièges portés sur l'étendard. Patriotisme, vertus militaires. De l'entrainement. Hygiène corporelle, propreté. Tenue. Des maladies contagieuses, épidémies. Maladies vénériennes. Anti-alcoolisme, tempérance. Mutualité. Epargne. Guerre du Maroc. 20 causeries environ.

B. — Cours en ville (non spéciaux aux soldats).

Opinion du Chef d'escadron C¹. — Le seul système admissible et le meilleur est celui des causeries dans les batteries, par les officiers et sous-officiers.

Critique. — Très bien quant à l'intimité, qui est un élément de la portée ; pas assez de portée néanmoins dans l'enseignement ci-dessus.

XI

A. — Pour le corps.

Hygiène, 2 conférences : Méd.-maj. F. : Maladies vénériennes. — Méd.-maj. L. : Fièvre typhoïde.

B. — Conférences dans les escadrons.

Conférences morales. — Honneur. Courage. Esprit de discipline. Dévouement. Audace. Volonté d'agir. Solidarité. Mutualité. Alcoolisme. Principaux faits de la guerre de 1870. Commentaires sur la conduite de nos troupes au Maroc.

Critique. — Le point de vue sanitaire est insuffisamment envisagé, le point de vue moral trop superficiellement.

XII

A. — Conférences pour le corps (21).

Cap. G. : Historique du régiment. — Lieut. A. : Traction électrique. — Lieut. B. : Abeilles, apiculture. — Lieut. K. : Mission Foureau-Lamy. — Serg. B. : Glaciers. — Lieut. T. : Aérostats. — Adj. P. : Tunisie. — Cap. G. : Alpes. L'artillerie autrefois et aujourd'hui. — Lieut. A. : Télégraphie sous-

marine. —- Cap. G. : Jeux et fêtes populaires... — Vét. D.,
5 conférences : Les animaux domestiques. — M. X., professeur
d'agriculture, 4 conférences.

B. — Dans les compagnies, conférences d'hygiène par les
officiers.

Critique. — C'est un enseignement ayant peu de réelle valeur instructive.

XIII

A. — Conférences pour le corps (18).

Torpilleurs, sous-marins. Déboisement, restauration et
mise en valeur du terrain de montagne. Esperanto. Alcoolisme.
La ville de... sous Louis XIV. Voyage en Crète. Maladies
vénériennes (12 conférences).

B. — Enseignement professionnel pour la garnison.

a) *Cours à l'Ecole des Beaux-Arts* (Stéréotomie, Dessin
d'imitation, Dessin d'art, Conservatoire, Menuiserie).
b) *Cours à l'Ecole de Commerce* (Comptabilité, Sténographie, Anglais, Espagnol).
c) *Conférences pour cultivateurs,* vignerons, ouvriers :
MM. F., B., R., professeurs à l'Ecole d'Agriculture ; M. R.,
directeur de l'Institut œnologique ; M. M., directeur des chemins de fer de... ; Lieut* B., B., M.

Critique. — Bien que la « conférence » soit toujours la règle, la sobriété
de cet enseignement est une heureuse compensation. Cependant il n'a
pas la portée désirable. Le point de vue sanitaire n'est qu'apparemment
considéré avec étendue.

XIV

Conférences dans les compagnies, par les officiers.

La Patrie et le patriotisme. Le drapeau. La discipline (étude du code pénal). Devoirs envers les camarades, la famille. L'alcoolisme. L'hygiène, les soins de toute nature. Guerre de 1870. Historique du régiment. Forces morales. Service de santé en campagne, convention de Genève. Rengagements. Artillerie, organisation, emploi. Cavalerie. Mutualité, prévoyance. Guerre russo-japonaise, campagne du Maroc, guerre de siège. Sidi-Brahim. Frontières de la France et de l'Allemagne, Colonies françaises. Organisation de l'armée française, de l'armée allemande. Loi de recrutement. Devoirs du soldat. Bénéfices que le soldat doit retirer de son passage au régiment. Le citoyen, ses droits, ses devoirs. Le suffrage universel. Le budget, les impôts. Administration : le département, l'arrondissement... Les grands hommes nés à... et dans le département.

Exemple : 1er Bataillon : 1re Cie, 20 conférences ; 2e, 26 ; 3e, 12 ; 4e, 35.

Critique. — Cet enseignement a de l'unité : c'est un enseignement de morale ; on ne peut lui reprocher d'être aride : les faits historiques, militaires, sociaux abondent. Les conférenciers sont compétents dans les questions qu'ils enseignent. On a sagement agi en laissant de côté les questions professionnelles du moment qu'on ne disposait pas de collaborateurs dans cette partie. L'enseignement donné par compagnies a de l'intimité. Mais beaucoup trop de sujets et de faits.

XV

A. — Conférences pour le corps.

a) Enseignement professionnel (42 conf.).
Agriculture : Cap. V., Adj. A., Sold^s B. et M.

Physiologie de la plante. Oiseaux utiles. Maïs, blé, avoine. L'arbre, influence de l'arbre. Culture des légumineuses. Crédit et mutualité agricoles. La vigne. Greffage en général.

Métallurgie, Electricité : Lieut. E., Serg. R.

Construction, carburation, grillages. Analyses. Minerai de fer. Hauts fourneaux. Sidérurgie, fontes, fers, aciers. Chaux, carbure de calcium. Fours électriques. Electricité statique et dynamique. Eclairage. Télégraphie. Téléphonie. Télégraphie sans fil.

Arts manuels : Lieut. C., Cap^x C. et B., Sap. A. Architecture, division de l'architecture, principes généraux, peintres d'architecture. Charpente. Etude des bois, mesurage, débit.

Draperie : Cap^l V. Notions d'ourdissage, montage, tissage, diverses sortes d'apprêts.

Papeterie : Cap^l V. Histoire, confection du papier et du carton.

Mutualité, épargne : Cap. C.

Culture des eaux : Cap. C.

Sciences et arts : MM. S. et T., professeurs au collège.

L'Allemagne moderne. La paix armée. La Patrie. La forme de la Terre. Rayons X. Les insectes propagateurs de virus. Le Japon d'aujourd'hui et de demain.

b) Conférences diverses (24).

Le corps humain, squelette, système nerveux, locomotion (4 conf.). Alcoolisme (point de vue de la criminalité). Guerre russo-japonaise. L'armée allemande. Les grandes villes de Tunisie. Mœurs et coutumes arabes. Général Marceau. Camaraderie au combat. Histoire militaire de la Gascogne. Le Ski. Existences problématiques. Gorges du Tarn. L'Ariège. Mutualité (3 conf.). Conquête de l'Algérie. Il faut aimer ses supérieurs. Chanson de route. Patriotisme (2 conf.).

B. — Conférences dans les compagnies.

Hygiène élémentaire, à la caserne, en marche, aux manœuvres, au bivouac. Dangers de l'alcoolisme. Tuberculose, ses dangers, ses préservatifs. Emplois civils. Conférences morales et patriotiques.

CRITIQUE. — L'enseignement de corps a une allure trop professionnelle ; ce n'est d'ailleurs que de la vulgarisation. Dans l'ensemble, il forme une masse de « conférences ». L'enseignement de compagnie est mieux adapté, et l'on regrette qu'il ne puisse trouver quelques points d'appui dans l'enseignement général.

L'assiduité des hommes a été remarquable, dit le rapport : de là ne résulte pas qu'on ait exercé sur eux la meilleure influence.

TABLE

Lyon. — Imprimerie A. Rey et Cⁱᵉ, 4, rue Gentil. — 52792